漫話國寶

11 大都會藝術博物館

杜瑩◎編著　　　朝畫夕食◎繪

中華教育

漫話國寶 11 大都會藝術博物館

杜瑩◎編著
朝畫夕食◎繪

出版　中華教育
　　　香港北角英皇道四九九號北角工業大廈一樓B
　　　電話：（852）2137 2338　　傳真：（852）2713 8202
　　　電子郵件：info@chunghwabook.com.hk
　　　網址：http://www.chunghwabook.com.hk

發行　香港聯合書刊物流有限公司
　　　香港新界荃灣德士古道220-248號
　　　荃灣工業中心16樓
　　　電話：（852）2150 2100　　傳真：（852）2407 3062
　　　電子郵件：info@suplogistics.com.hk

印刷　迦南印刷有限公司
　　　香港新界葵涌大連排道172-180號
　　　金龍工業中心第三期十四樓H室

版次　2021年6月第1版第1次印刷
　　　©2021中華教育

規格　16開（240mm×170mm）
ISBN　978-988-8759-01-9

責任編輯：吳黎純
裝幀設計：李洛霖
排版：李洛霖
印務：劉漢舉

目錄

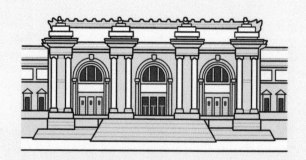

　　大都會藝術博物館是美國最大的藝術博物館，坐落於美國紐約第五大道，堪稱是世界上最宏偉的百科全書式藝術博物館。大都會藝術博物館館藏非常豐富，展品數量達 300 多萬件，常年展出的幾萬件展品，僅僅是博物館總館藏的冰山一角。大都會藝術博物館裏有許多精美的中國文物，尤其是中國古代的書畫作品，堪稱一絕。

一封邀請信

哇，我們到啦！

快來嚐嚐我們包的餃子。

謝謝大家!

好吃!好吃!!

哇,您不會就是大名鼎鼎的照夜白圖先生吧?

哈哈,小滿好眼力,在下正是照夜白圖!

快來和我們說說您的故事吧。

不急不急,先填飽肚子再聽故事。

8

第一站

照夜白圖

個人檔案

姓名：照夜白圖
年齡：1200多歲
第一位主人：唐玄宗

原居住地：清代皇宮　　現居住地：大都會藝術博物館

作者：韓幹

我真是個畫馬小天才！

晚清時期，恭親王奕訢收藏了這幅畫。

這裏還有我爺爺乾隆的印章啊。

恭親王奕訢

後來，畫傳到他的孫子溥偉手中。

要復辟清室，就需要銀子，要不把這畫賣了吧？

我來接盤！

恭親王孫子溥偉

收藏家大維德

大維德先生得知消息後拜託葉叔重代為購買。

老兄，一定要幫我買到。

哈哈哈，包在我身上。

古董商人葉叔重

1977年，狄龍基金會將此畫捐贈給紐約大都會藝術博物館。

我住這裏啦！

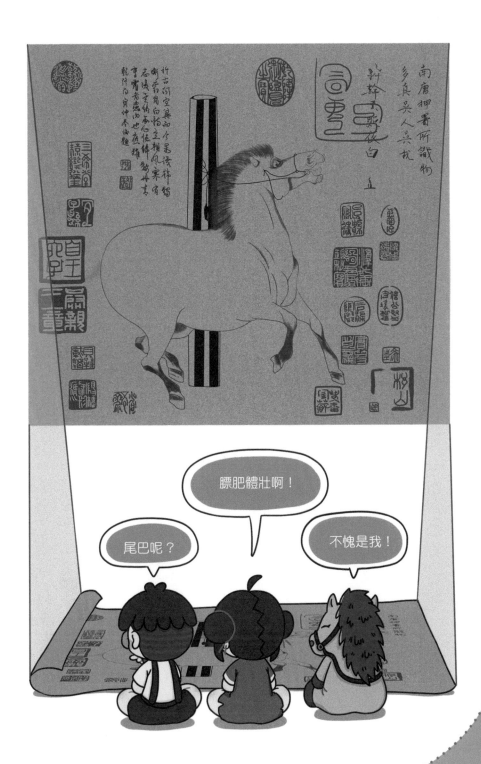

我跟你們說哦，照夜白圖先生的粉絲真的有點兒多。

不但多，還都超有名。

有幾個我還不認識。

別急，聽完照夜白圖先生的故事，你就認識啦！

李煜 米芾 吳說 乾隆 奕訢

走！去博物館！

說到粉絲，真是承蒙大家的厚愛啦！

粉絲禮物

粉絲來信

不過，毫不謙虛地說，韓幹先生可是畫馬界數一數二的高手啊。

作者韓幹登場

我來啦！

韓幹是唐代畫馬第一人，他以畫馬聞名於世。他畫的駿馬不但形態逼真，神情更是惟妙惟肖，呼之欲出。連當時的皇帝唐玄宗李隆基都對他讚不絕口。

小韓小韓，你真棒！

馬兒馬兒，你真棒！

所以你要拍我馬屁嗎？

拍

拍

唐玄宗

據說，韓幹畫馬時重視寫生，他常常在馬廄裏仔細觀察馬兒的一舉一動，而不是臨摹前人所畫的馬，所以他畫的馬才會栩栩如生。

放大鏡

我說老兄，人家逛動物園好歹還買張門票吧，你都白看了我一整天了。

話不多說，還是一睹為快，來瞅瞅我身上的這匹曠世名駒吧！

嘖嘖嘖，神采奕奕！

嘖嘖嘖，威風凜凜！

這匹駿馬被拴在身後的一根馬樁之上，顯然被綁在那裏讓牠很**不高興**。所以，馬兒眼睛瞪得大大的，鼻孔張開，前蹄抬起，仰着腦袋嘶鳴掙扎。

韓幹先生用精細的線描勾勒出馬的輪廓，在牠的脖頸和腿的部分還用淡淡的墨色暈染，這樣看起來是不是讓人特別能感受到駿馬體形的健碩和肌肉的質感呢？

我之所以聞名天下，一方面是韓先生妙筆如神，另一方面模特兒小白也有功勞，牠可是匹帥氣無敵的純種汗血寶馬。

小白？

這匹馬的大名就叫「照夜白」，因為毛色雪白，站在夜色中發着瑩瑩亮光，彷彿能把黑夜照亮，所以就有了這麼一個名字。

嫌棄

至於「小白」，那是我對牠的愛稱。

哎喲

拍拍

小白乖乖，讓我也騎一下，威風威風。

甩

嗚嗚嗚，小白耍大牌。

小白甚麼都好，就是脾氣臭，牠只有在主人面前才會老老實實的。

超神氣!!

那牠的主人肯定是一位身高八尺、武藝高強、在沙場上叱吒風雲的大英雄。

哈哈哈

牠的主人確實是歷史上響噹噹的大人物。

他就是

李隆基

！！！

自古英雄配寶馬。

來就來了，還帶甚麼禮物。

唐玄宗時期，唐朝與西域的往來愈來愈密切，唐玄宗曾經將和義公主遠嫁到西域的寧遠國。寧遠國的國王為了表示感謝，向玄宗回獻了兩匹胡種馬，也就是我們常說的汗血寶馬。

唐玄宗是個好馬之人，看到這兩匹高大威猛的駿馬便喜不自禁，還親自給牠們取了名字，分別叫作：

玉花驄　　照夜白

唐玄宗還時常讓宮裏的畫師給心愛的寶馬作畫。

原來如此。可為啥您身上有這麼多的印章啊？

除了印章還有好多字呢，韓幹先生的業餘愛好不會是刻章吧？

瞎說！

這些章和字分別叫作「鈐印」和「題跋」，是中國書畫的獨有特徵。

留下這些鈐印和題跋的人都是歷朝歷代的名人。這些名士的手跡更是讓《照夜白圖》身價百倍，成為集繪畫、書法、篆刻藝術於一身的國寶級文物。

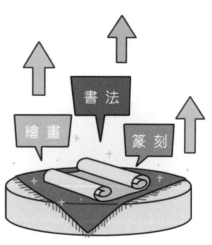

書法

繪畫

篆刻

在這些留下鈐印和題跋的名士裏面，甚至還有兩位皇帝呢。

兩位皇帝？

第一位是五代時期的南唐後主李煜。

就是寫「春花秋月何時了，往事知多少」的那位皇帝？

小子，算你有點兒文化。

李煜

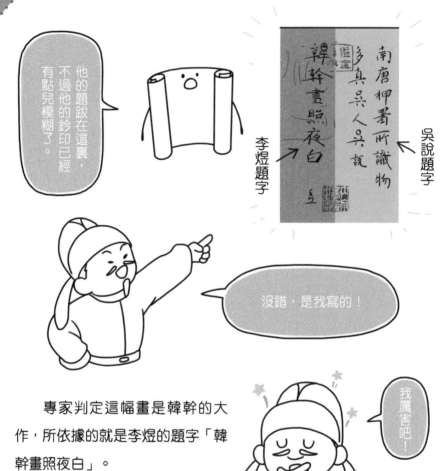

吳說題字

李煜題字

他的題跋在這裏，不過他的鈐印已經有點兒模糊了。

沒錯，是我寫的！

專家判定這幅畫是韓幹的大作，所依據的就是李煜的題字「韓幹畫照夜白」。

我厲害吧！

讚！

吳說這小子眼光好，有前途。

李煜題字的右側是宋代吳說的題字，寫的是「南唐押署所識物多真」。意思就是既然李煜說這是韓幹畫的，那就八九不離十了。

有李煜和吳說兩位前輩的確認，

後人才認定這幅《照夜白圖》是出自韓幹之手。

原來如此。那另一位皇帝呢？

第二位就是清代的乾隆皇帝了。

乾隆皇帝十分喜愛這幅畫，不時拿出來品鑒一番，他在卷面上留下了大量的鈐印和題跋。

無奈

不數不知道，一數嚇一跳。

乾隆皇帝一共在《照夜白圖》上留下了 26 個鈐印和 3 處題跋。

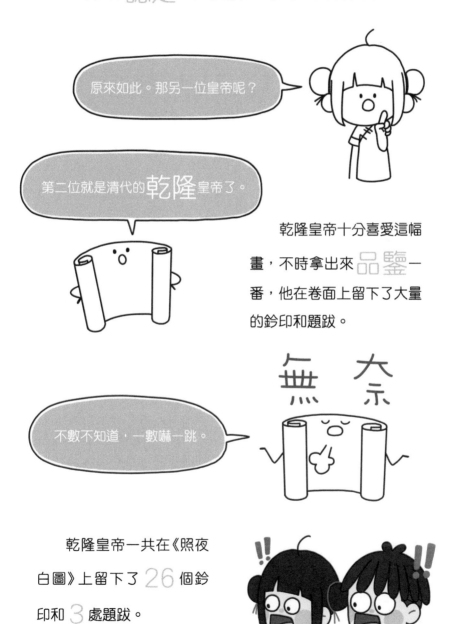

23

關於尾巴，倒是有很多的猜測。

這是我的想法。

馬的腦袋、脖子、前身這些是韓幹的真跡，而後半身有可能已經殘破了，現在看到的後半部分是後人補上去的，原來的馬尾巴已經不存在了。

專家一

後人畫家

要不，我做個好事把缺的補補全？就是這尾巴難度太高，還是先空着吧。

我覺得你說得不妥。

專家二

眾所周知，「照夜白」是一匹毛色雪白的馬，那麼牠的尾巴肯定也是白色的，白色本來在畫面中就只能淡淡地出現。

如果仔細看畫作，還是能夠看到馬屁股後面有隱隱約約淡灰色的陰影，不過大部分細節確實丟失了。

我覺得吧，這團淡灰色陰影可能是小白不小心放的一個屁吧。

淡淡的灰色陰影

非也，非也，我不這麼認為。

專家三

韓幹是故意畫了一匹「有頭無尾」的馬，目的是諷刺唐玄宗執政時「有頭無尾」。

在位前期，唐玄宗李隆基勵精圖治、任用賢良、整頓吏治、發展生產，開創了「開元盛世」；但是到了統治的後期，他杜絕言路、重用佞臣、貪圖享樂、縱情聲色，導致大唐**由盛轉衰。**

前期

後期

韓幹作為一位宮廷畫師，即便對唐玄宗心存不滿，也不敢直接表達，但是，**憂國憂民**的他會不會就以畫寄情、嘲諷時局，故意畫了一匹沒有尾巴的駿馬呢？

我覺得不可能，要是韓幹畫了一匹有頭無尾的馬，唐玄宗看到了還不氣得吹鬍子瞪眼？皇帝老兒一生氣，韓幹不是小命不保了嗎？有誰會傻到無端去做一件會掉腦袋的事情呢？

韓幹當然不會那麼笨了。

如果這個說法成立，那麼韓幹當年很有可能在<u>墨</u>上做了一些手腳。

他畫畫的時候，在馬的前半身用了<u>墨色持久</u>的墨汁，在後半身用了<u>容易褪色</u>的墨汁。所以當畫作完成的時候，看起來是一匹完整的駿馬，但是隨着時間的推移，馬的尾巴就漸漸消失了，成了大家所看到的無尾之馬。

你們猜猜我會怎麼做呢？

韓幹可是個聰明人，他這樣做不僅可以規避風險、躲過飛來橫禍，還巧妙表達了自己對時局的看法。

很有 道理！

我的故事講完啦，在大都會藝術博物館裏還有很多聞名於世的中國書畫，每天都吸引着來自世界各地的書畫愛好者爭相一睹真容呢。

意猶未盡的
小滿 和 大力 →

唐玄宗在位的前期勵精圖治，唐朝國力進入了鼎盛時期，

人們稱之為「開元盛世」。

那麼，具體甚麼樣的局面才算是盛世呢？一般來說，是指國家繁榮昌盛、政治清明，老百姓安居樂業，人口不斷增長。對內：經濟、科技、思想、文化都比較先進；對外：軍事力量強大，貿易繁榮，還有一定的國際影響力。

中國歷史上出現過很多盛世，

現在就讓我們一起來了解一下吧。

成康之治

西周周成王、周康王在位時期，繼承周文王、周武王的執政主張，周朝進入最為強盛的階段。

文景之治

漢文帝、漢景帝在位時期，推行休養生息的政策，經濟文化得到飛速發展，也為後來漢武帝征伐匈奴奠定了堅實的物質基礎。

漢武盛世

漢武帝在位時期，政治、經濟、軍事、文化等都有相當程度的發展，開啟了中國文明富強的序幕。

建武盛世

又稱光武中興。東漢光武帝在位時期，通過一系列的舉措，使東漢初年出現了社會安定、經濟恢復、人口增長的局面。

貞觀之治

唐太宗在位時期，出現了政治清明、經濟復甦、文化繁榮的盛世局面，也為後來的開元盛世奠定了重要的基礎。

開元盛世

唐玄宗在位前期，唐朝進入全盛時期，也是中國封建社會的頂峯階段。

永樂盛世

明成祖在位時期，採取了許多措施，大力發展經濟，同時提倡發展文化教育，使得國家富強。

仁宣之治

明仁宗和明宣宗在位期間，採取了寬鬆治國和息兵養民等一系列政策，後人稱之為「仁宣之治」。

康乾盛世

清朝康熙、雍正、乾隆三位皇帝在位時期，也是中國古代封建王朝的最後一個盛世。

你們都記住了嗎？

小博士遊樂場

馬兒這麼可愛，快來和我一起動手做旋轉木馬吧！

可愛的小馬

旋轉木馬

準備材料：卡紙 雙面膠 水彩筆 安全剪刀

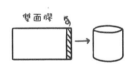

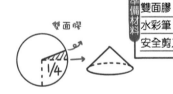

1. 準備若干卡紙長條，沿虛線摺起。

2. 把長方形紙片捲成圓筒狀備用。

3. 剪出兩個圓片，其中一個沿虛線剪去 1/4，黏成圓錐體。

4. 將圓錐、圓筒、圓片如圖中所示位置固定，做出主體。

5. 在長條兩頭貼上雙面膠，連接馬和主體。

6. 沿圓筒多黏幾隻小馬，再用水彩筆塗上顏色，旋轉木馬就完成啦。

安全提示：請在爸爸媽媽的陪同下，安全使用剪刀喲！

第二站

竹禽圖

姓名：竹禽圖

年齡：900多歲

職業：畫卷

血型：絹型

個人檔案

現居住地： 大都會藝術博物館

答案馬上揭曉哦！

作者：

猜猜我是誰？

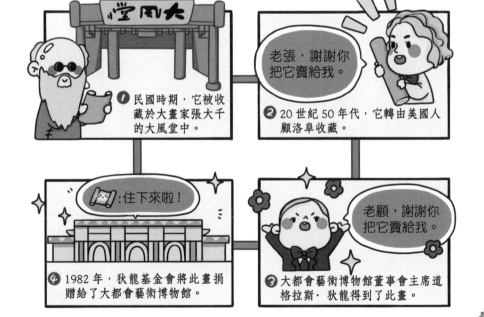

❶ 民國時期，它被收藏於大畫家張大千的大風堂中。

❷ 20世紀50年代，它轉由美國人顧洛阜收藏。

老張，謝謝你把它賣給我。

❹ 1982年，狄龍基金會將此畫捐贈給了大都會藝術博物館。

:住下來啦！

❸ 大都會藝術博物館董事會主席道格拉斯·狄龍得到了此畫。

老顧，謝謝你把它賣給我。

大家還記得我們嗎？

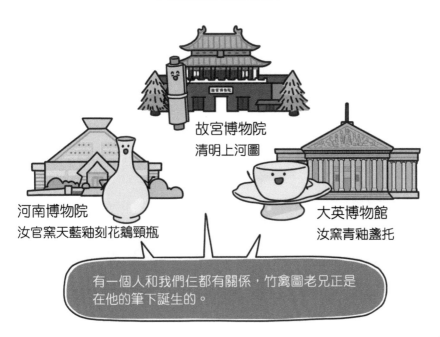

故宮博物院
清明上河圖

河南博物院
汝官窯天藍釉刻花鵝頸瓶

大英博物館
汝窯青釉盞托

有一個人和我們仨都有關係，竹禽圖老兄正是在他的筆下誕生的。

他就是

北宋第八位皇帝

宋徽宗！

渾身散發着濃濃的**藝術氣息**

聞

想知道藝術的味道。

最新款

藝術氣息香水

 你值得擁有！

時尚人士

作為一名藝術家，宋徽宗真是才華橫溢。

謝謝你的誇獎。

作為一名皇帝，宋徽宗真是……

閉嘴，閉嘴。

宋徽宗是一個癡迷於書畫的收藏家，也是極具天賦的書畫家。他的大名叫趙佶。相傳，他的父親宋神宗夢見南唐後主李煜前來拜謁，隔天趙佶就出生了，因此大家都說趙佶是李後主轉世。雖然這只是傳說，不過趙佶的確像李煜一樣文采風流，書畫俱佳。

我們就是帝王界的藝術雙子星！

李煜

趙佶

不過說真的，宋徽宗的畫真的是天下無雙啊！

小滿，你看，小鳥的每一片羽毛都清晰可見。

還有牠們的爪子，每個細節都刻畫出來了。

作為一個嚴謹的人，這些都是小意思啦。

請問您是「細節控」嗎？

牠們輕輕地站在枝頭，好像馬上就要展翅騰飛了。

嘿，兄弟！晨練呢？

開嗓呢！

我覺得牠們目光相對，好像正在說悄悄話。

大力，你看小鳥的眼睛，像顆黑寶石，正在骨碌碌地轉呢。

還真是奇怪，小鳥的眼睛好像還發着亮光。

臉紅

被你們盯得怪不好意思的。

這可是宋徽宗畫中的一個特點哦。

這種畫法叫「生漆點睛」。

昇 眼

宋徽宗畫鳥的時候，最後才畫眼睛。他會用生漆點在眼睛上，因此眼珠會有一點兒凸起的效果。遠遠望去，鳥的眼睛裏泛着光彩，顯得更加生動傳神。

宋徽宗在宮裏養了很多小動物，比如白鶴、鸚鵡……他觀察牠們的外貌，了解牠們的習性，所以他筆下的這些動物都栩栩如生，好像要從畫中躍出來一般。

竹禽圖就屬於**超寫實**風格的花鳥畫，畫中的花草彷彿在迎風搖曳，雀鳥靈動機敏、生動活潑的神態躍然紙上。

這種超寫實風格的花鳥畫在當時的皇家畫院可是風靡一時呢。

皇家畫院

皇家畫院？

這是一個培訓班嗎？

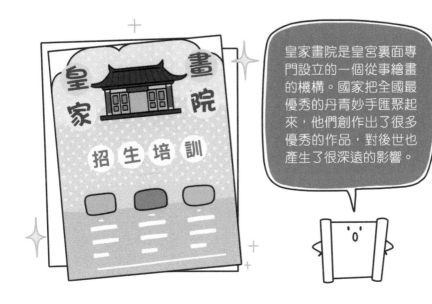

皇家畫院是皇宮裏面專門設立的一個從事繪畫的機構。國家把全國最優秀的丹青妙手匯聚起來，他們創作出了很多優秀的作品，對後世也產生了很深遠的影響。

宋徽宗時期可以算是皇家畫院最活躍的階段了，《清明上河圖》的作者張擇端、《千里江山圖》的作者王希孟都是宋徽宗時期皇家畫院裏的畫師。

張擇端

王希孟

哇，真是羣星閃耀啊！

夜空中最亮的 星

能進入皇家畫院就職的畫師可都是通過了層層選拔，過五關斬六將來的。

真是 時時有考試

歎氣

處處有考試啊

宋徽宗重視畫院，不但建立了畫院的考試制度，還喜歡**親自**出題、批卷考核畫師，培養繪畫人才。

主考官：宋徽宗

考試題目：深山藏古寺

要求：緊扣題目，任意發揮，完成一幅繪畫作品。

學生一  	學生二  
他畫了整個寺院，寺院四周古木參天。	他畫了古寺的一角，背景上有起伏的山巒和青翠的密林。

搖頭  太直白。

太普通。 皺眉

學生三

他沒有畫古寺，只畫了山谷中的一條青石小路，小路的盡頭有一個和尚在溪邊打水，大樹掩映，不知寺院在何處。

妙哉，妙哉！

美術老師上線

「深山藏古寺」這個題目呢，要在「藏」字上做文章，如果直接把古寺畫出來就體現不出「藏」字的意境。通過和尚挑水的場景，讓人推測附近有寺廟。具體寺廟是怎麼樣的呢？就要靠你的想像了，這樣能給人一種「畫有盡而意無窮」的藝術享受。

乖巧

您說得對！

聽話

服氣

試卷二

主考官：宋徽宗

考試題目：踏花歸去馬蹄香

要求：緊扣題眼，任意發揮，完成一幅繪畫作品。

學生一

苦惱

他畫了騎馬人踏春歸來，手裏捏着一枝花。

勉勉強強 60 分吧。

他畫了騎馬人從郊外歸來，馬蹄上面沾着幾片花瓣。

學生二

這花瓣是塗了強力膠了啊，70分吧。

他除了畫騎馬歸來的人，還畫了幾隻蝴蝶飛舞在奔走的馬蹄周圍。

學生三

絕妙絕妙啊，必須100分！

為甚麼這幅就能得 100 分啊？

這裏的「花」「歸去」「馬蹄」都很容易表現，但是「香」是無形的東西，很難用具體的實物表現出來。馬蹄的旁邊有蝴蝶飛舞，說明馬蹄上還留有濃郁的花香。把無形的花香，有形化地展現於紙上，彷彿陣陣香氣撲鼻而來。

王牌名師講解時刻

真是一語驚醒夢中人。

宋徽宗果真是名不虛傳啊！

宋徽宗不但畫畫得好，書法也是一絕。

我知道，他自創了一種字體，叫作瘦金體。

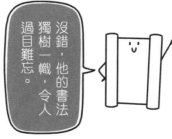

沒錯，他的書法獨樹一幟，令人過目難忘。

宋徽宗獨創的瘦金體，有強烈的個人色彩。瘦金體一般呈長形，筆畫都比較細瘦，筆畫的尾鈎之處銳利，側鋒看上去好像竹葉一般，有一種秀美雅致、舒暢灑脫的感覺。

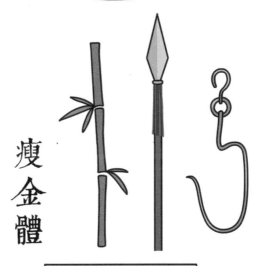

瘦金體

同 一 類

請大家欣賞一幅宋徽宗瘦金體的書法代表作吧。

似融霞照醉殘露如零中庭一爛煥夢翠依芳穠

宋徽宗趙佶大字楷書《穠芳詩帖》局部，現藏於中國台北故宮博物院。

鐵 銀

畫 鉤

這裏有「一大」兩個字，是甚麼意思呀？

這是宋徽宗的花押，相當於現代人的簽名了。

北宋時期，簽名花押的風氣非常流行，文人墨客都會精心設計自己的花押。宋徽宗當然也不例外，他的花押很是特別，形同「天水」的連筆；看上去又像個結構鬆散的「天」，如果把下面的「大」字拆開，就是「一」和「人」，連起來的意思就是「天下一人」。

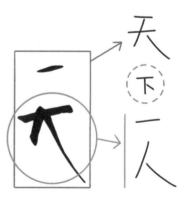

天下一人

天下第一人，這個宋徽宗有點兒自戀哦。

咦，奇怪，竹禽圖先生您身上左邊這些字怎麼跟瘦金體長得不像呢？

因為那不是徽宗自己寫的呀，這幅字是趙孟頫的題跋。

趙孟頫又是何許人也？

趙孟頫

哈哈哈哈哈，老夫來也。

趙孟頫在中國**書畫界**也是響噹噹的人物。他是南宋晚期至元代初期的書法家、畫家、詩人和鑒賞家。

趙孟頫的字看上去一點一畫圓潤飽滿，但每筆中暗暗蘊含着力量，可謂**外柔內剛**。

老夫認為做人也要外柔內剛，外圓內方。

不 倒 翁

你們看我身上，在趙孟頫的題跋旁邊是不是還有一條黃絹？

專家猜測，這可能是明代開國皇帝朱元璋的第三個兒子朱橚讓人重新裝裱的時候，將畫心的黃絹切割下來一條，放在趙孟頫題跋的左邊，這樣用來突出趙孟頫跋文的重要性。在跋文兩側裱紙和黃絹的接縫處就有朱橚巨大的收藏印。

朱橚

作為趙孟頫的小迷弟，我可得做些甚麼。

小娃娃，有機會你們去看看小趙的書畫，還真是不錯。

宋徽宗

小博士會客廳

我們知道了趙孟頫的書畫都是一絕，也在竹禽圖先生身上看到了他圓潤遒勁的字。今天，他帶着他的小夥伴來到了我們的會客廳。

歐陽詢　　顏真卿　　柳公權　　趙孟頫

古代書法第一天團——「楷書四大家」

楷書四大家是對書法史上以楷書著稱的四位書法家的合稱，
他們分別是：

歐體 **顏體** **柳體** **趙體**

歐陽詢　顏真卿　柳公權　趙孟頫

《九成宮醴泉銘》局部

歐陽詢

唐朝書法家，他的字可以說
是廣採各家之長，書法風格
嚴謹工整、氣勢奔放。代表
作：《九成宮醴泉銘》。

《多寶塔碑》局部

顏真卿

唐朝名臣，書法家。他的
楷書端莊雄偉、氣勢開張，
既吸取了前人書法的氣韻
法度，又不為規則所束縛，
自成一派。代表作：《多寶
塔碑》。

《玄祕塔碑》局部

柳公權

唐朝中期著名書法家、詩
人。他的字均衡瘦硬、骨力
勁健。他與顏真卿齊名，後
世有「顏筋柳骨」的美譽。
代表作：《玄祕塔碑》。

趙孟頫

至於我就不用介紹啦，小
朋友都認識老夫了。

小博士遊樂場

宋徽宗是畫小動物的大家，他的筆下簡直藏了一個奇妙的「野生動物園」，有小鳥、仙鶴、兔子、大白鵝等，個個栩栩如生、惟妙惟肖。

我們也要來做一個卡通版的動物園，比比誰家的動物園更加吸引人！

淘氣的雞仔和小熊

  你好！

準備材料：卡紙、雙面膠、水彩筆、安全剪刀

野生動物園

安全提示：請在爸爸媽媽的陪同下，安全使用剪刀喲！

 粘合   雙面膠

1.將三角形紙片沿虛線對摺，剪去紅色區域並固定。

2.在紙上畫出小雞的配件，剪下備用。

3.將三張長條形的紙片沿虛線對摺，並排黏貼。

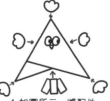

4.如圖所示，將配件黏到小雞仔的主體上。

5.再用水彩筆塗上顏色，小雞仔就完成啦！是不是非常簡單呢？參照圖片，再做一做其他可愛的小動物吧！

第三站

摹古圖冊

個人檔案

姓名：摹古圖冊

年齡：400多歲

血型：紙本水墨型

職業：書畫冊頁

現居住地： 大都會藝術博物館

我是畫壇小神童。

作者： 明末清初畫家陳洪綬

流傳過程：翁同龢舊藏 ➡ 2005年，翁萬戈夫婦捐贈

《摹古圖冊》一共有12開！

先挑五張展示一下吧。

古代的插畫大師有沒有興趣了解一下？

這麼洋氣的職業古代就有？

祖師爺，請多多關照。

原來，我們插畫師這個職業有着這麼久遠的歷史啊。

這位大師可給很多著名的小說畫過插畫呢，比如《水滸傳》《西廂記》……我們今天要見的摹古圖冊大叔也是出自他之手。

還是個實力派大腕！

走！去博物館！

小滿說的摹古圖冊大叔就是我啦，不過你們可千萬不要因為我名字裏有「古」字就覺得我很土裏土氣哦。

其實我有十二身「衣服」，我挑了自認為最好看的五身「衣服」出來給大家展示，看我超級變！變！變！

哇，果然是真人不露相啊。

每一身「衣服」都好看哦。

那就一身一身地好好讓你們看個夠吧。

這第一身「衣服」上畫的是一個微縮盆景。

盆景，往往是將自然景觀濃縮為幾個經典的元素，把它們重新組合起來，營造出一個新的、別具一格的景致。

您這擺弄的是微縮模型吧？

這個盆景裏的幾個元素你們認出來了嗎？

這是松柏，那是梅花。

還有竹子。

好眼力！盆景中的就是「歲寒三友」啦。

大家還記得南京博物院的鎮館之寶梅瓶嗎？

當然記得，就是那個名字特別難唸的梅瓶姐姐嘛。

明洪武／釉裏紅／歲寒三友紋／梅瓶！

讓我來　　　　　表演一下

我們是大家都愛的小可愛。

因為松、竹、梅**高潔**的品格深得古人的喜愛，所以在古代的繪畫、瓷器、服飾、家具上，我們常能見到「歲寒三友」的身影。

咦？奇怪，這個花盆怎麼裂開了？是被敲壞了嗎？

哈哈哈，才不是呢，這叫釉面開片，可是一種特殊的瓷器燒製技術。

開片本來是瓷器釉面的一種自然開裂現象，應該算是瓷器燒製中的一個缺點；但是聰明的工匠掌握了開裂的規律，並製出了各種漂亮的開片瓷器，讓開片也變成瓷器的一種**特殊裝飾**了。

這可是娘胎裏帶出來的胎記，不是後天的哦。

能把缺點變成優點，古代工匠真是有兩把刷子。

豈止「兩把」，是6、7、8、9、10把。

這是不是就叫「無心插柳柳成蔭」？

下面給大家展示一下第二身「衣服」。

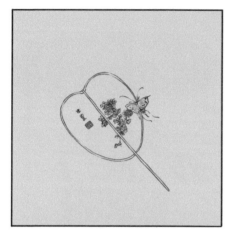

這幅畫中有一面扇子，扇子上繪有栩栩如生的鮮花，有一隻小蝴蝶被扇面上的花朵吸引。

哈哈哈，小蝴蝶你是被騙了吧？

偷笑

誰叫這花畫得這麼逼真，嗚嗚嗚，你們怎麼可以騙人？

你是昆蟲又不是人。

嗚嗚嗚，你們怎麼可以騙蟲？你們都是騙蟲精。

牠說的可是您。

委屈

陳洪綬

這幅畫表現了陳洪綬所畫的花可以**以假亂真**，以至於小蝴蝶都被愚弄了，說明陳洪綬對自己的畫技還是非常自信的。

無獨有偶，據說，南朝畫家張僧繇曾經在一座寺廟的牆壁上畫過一隻鷂和一隻鷹，把那些棲息在廟裏的鴿子都嚇跑了。

張僧繇

哼，這些大畫家都是大騙子。

嘻嘻嘻，我們最喜歡玩以假亂真的遊戲了。

第三身「衣服」上的這些圖案你們都能認出來嗎?

一朵大花,一朵小花,小花下面壓了一根細長細長的針,旁邊還有一枚小戒指。

小戒指上還藏了一隻小兔子。

嘻嘻嘻,被你發現了。

你們只說對了一半,這根長長的「針」其實是一支髮簪。

髮簪是古人用來固定和裝飾頭髮的一種首飾。為了讓自己更漂亮，古人給髮簪設計了非常豐富的式樣，其中，設計最**精美**的地方就是簪首了。簪首會有各種各樣的形狀，<u>花鳥魚蟲</u>、<u>飛禽走獸</u>都可以充當簪首的形狀呢。

這支髮簪的簪首就是一朵精巧的小花。

你們看了我這身「衣服」想到了甚麼呢？

我覺得這就像是一個古代女子的梳妝台，她早上起來要對着鏡子梳頭髮，插上髮簪，可能還會在頭上插上一朵鮮花，她的纖纖玉手上還要戴上戒指。

戒指上的小兔子讓我想到了月宮中為嫦娥仙子搗製長生不老藥的玉兔。

月宮中有那麼多桂花，小兔子是不是正在做桂花蜜啊，還有桂花糖、桂花糕⋯⋯

吃貨本色

一臉無奈

這畫的是個小板凳嗎？

我覺得像是個盤子，裏面還有個熱乎乎的白煮雞蛋。

上面這幅圖可別有深意呢。

不對，你看這些彎彎曲曲的線好像是水波，難道這個盤子裏裝了水？

那這個肯定是鴨蛋，鴨媽媽下了個蛋就游走了。

還茶葉蛋呢。

有可能哦，是一鍋熱乎乎的茶葉蛋，被吃得只剩下一個了。

這幅圖中畫的是一個裝滿水的盆子，裏面這個圓圓的是倒映在水中的**月亮**。

竟然把我當成雞蛋、鴨蛋，還有茶葉蛋！

捂 臉

我錯了！小月亮！

古人常常將繪畫比作給自然界的景物照鏡子，畫紙上呈現的作品就像鏡子裏的景物一樣。在這幅畫中，畫面就被比喻為一架裝飾華美、裝滿水的承盤，映着月亮的倒影。

高深莫測啊。

似 懂 非 懂

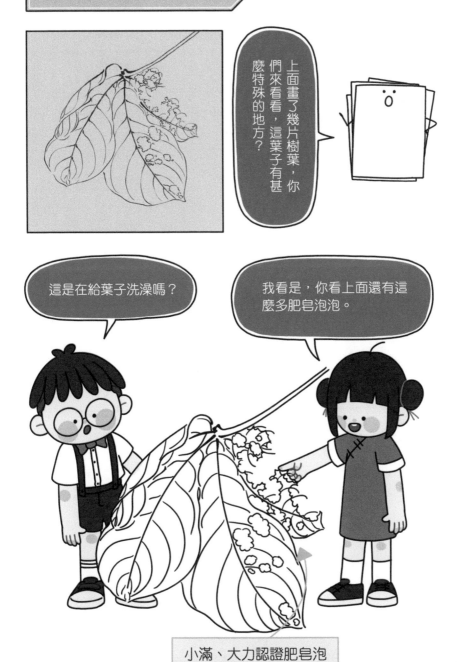

上面畫了幾片樹葉，你們來看看，這葉子有甚麼特殊的地方？

這是在給葉子洗澡嗎？

我看是，你看上面還有這麼多肥皂泡泡。

小滿、大力認證肥皂泡

原來，陳洪綬畫的是一片有蟲咬痕跡的樹葉，表現出大自然自身不斷的變化。

陳洪綬用了很多象徵手法來表現這些景物，這在文人畫中可是開了先河。

我呀,可是陳洪綬 21 歲時的傾心傑作。接下來,我帶大家來認識認識這位明末清初的畫壇名家吧。

著名插畫大師陳洪綬先生簽售會現場

《西廂記》插畫集

水滸葉子

真是一位有趣的畫家。

要是沒有一個有趣的靈魂，怎麼會創作出這麼多精彩的插畫呢？

這次邏輯滿分。

陳洪綬從小就很有繪畫天賦，有一次去親戚家，小陳同學看到有一面剛剛粉刷好的白牆，眼睛骨碌碌一轉就有了主意。

少年陳洪綬

這麼白，不正是塊天然的畫布嘛？

我有事出門啦，別讓人把牆弄髒了呀。

家僕

主人

陳洪綬的腦
海中浮現出一尊
不知在哪裏看過
的**關公像**，
於是他迅速地拿
起筆畫了起來。

畫個甚麼好呢？

啊，有了！

我中間再來畫一畫。

我西畫畫。

我東畫畫。

當家童回來看到這情景時，嚇得號啕大哭。

我的媽呀！
嗚嗚嗚。

後來，陳洪綬的親戚知道以後，還以為是關公顯靈，不僅沒有怪罪陳洪綬，還把這間房子作為供奉神像的地方了呢。

陳洪綬的繪畫作品構圖**豐富**，線條和色彩又提煉得十分**簡潔雅致**。

他還特別擅長把自然界萬事萬物的形態和其內在性格大膽地加以概括、誇張，再用畫筆重新表現出來。在他的作品中，我們總能感受到濃濃的生命力和藝術感染力。

學到了！我們也要去練習畫畫了！

小博士加油站

陳洪綬吸取了民間木刻和唐宋繪畫的優點，對傳統版畫的發展做出了創造性的貢獻，創作了很多精彩的版畫稿本，這些版畫稿本主要是書籍插圖和紙牌（葉子），流傳甚廣，深受老百姓的喜愛。

比如大家很熟悉的四大名著－《水滸傳》，陳洪綬在他 28 歲的時候，花費了 4 個月的時間精心創作了 40 位《水滸傳》裏的人物的畫像。好傢伙，好漢們一個個栩栩如生，像是要從畫紙上跳出來一般。這套圖一經問世，就引得大家爭相購買，人們都被這些生龍活虎的梁山好漢吸引，更深深折服於陳洪綬的精湛畫技。

年度最佳銷售店鋪

陳洪綬在《水滸葉子》中大量運用銳利方直的線條，這些線條都比較短促，起筆略重，收筆略輕，線條之間的轉折與變化也十分強烈，把人物的性格和動態都生動地刻畫了出來。大家快來一睹梁山好漢的風采吧。

小博士遊樂場

陳洪綬大畫家筆下的扇子把小蝴蝶都吸引來了。我們也來畫一畫，做一做小扇子吧！

多姿多彩的紋樣

趣味圓扇

準備材料
雪條棒
各種漂亮的紙
釘書機
夾子

對摺

1. 把紙剪成長方形，並沿虛線反覆摺疊出扇子上的褶子。

2. 對摺，在摺疊好的扇面頂端，如圖所示，用釘書機釘一下。

3. 再在兩邊黏貼上雪條棒。

4. 用夾子夾住扇子，固定晾乾。

5. 打開後，再加以裝飾，就是一把漂亮的圓扇啦！

第四站

雙鷹圖

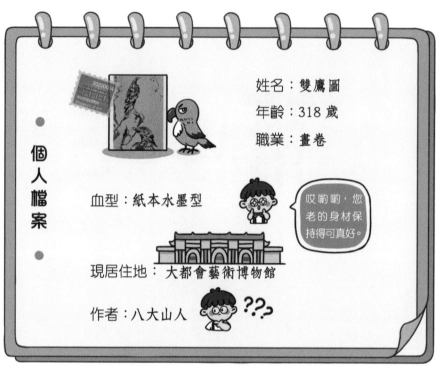

姓名：雙鷹圖

年齡：318 歲

職業：畫卷

個人檔案

血型：紙本水墨型

哎喲喲，您老的身材保持得可真好。

現居住地：大都會藝術博物館

作者：八大山人 ???

① 它為收藏家王季遷家族舊藏，後由唐騮千家族購得。

② 它被唐騮千家族捐贈給大都會藝術博物館。

❓ 現在，它由大都會藝術博物館收藏。

大力，你知道八大山人嗎？

我當然知道，你知道大家都怎麼稱呼我王大力的嗎？

王博學！

那你來給我們介紹一下八大山人。

我就是八大山人，八大山人就是我。

獨此一家，別無分店！

滿臉通紅

八大山人就是八個很厲害的畫家……

走！去博物館！

我就是我，不一樣的煙火！

我說老先生，您的名字取得也太有誤導性了。

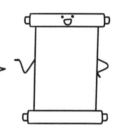

其實你們兩個都沒錯。八大山人在他畫作上署名時，喜歡把「八大」和「山人」豎着用**草書**連着寫。

一半臉兒哭，一半臉兒笑。

「八大」兩字連在一起看着像「笑」字，又像「哭」字，而「山人」連在一起寫，看起來就像一個「之」字，整體就是**哭笑不得**的意思了。

為甚麼要哭笑不得啊？

這就要從八大山人的出身說起了。

八大山人的原名叫作朱耷，是一個含着金湯匙出生的**皇親國戚**。

出生顯赫

皇室威儀

他是明太祖朱元璋第十七子朱權的九世孫，從小聰明伶俐，家裏的長輩又個個出類拔萃，不是詩人就是畫家，所以他受到了很好的藝術啟蒙和薰陶。據說，他八歲時便能作詩，十一歲便能畫青山綠水。

活生生的學霸小神童啊！

點頭

明

清

走好，不送。

朋友們，再見了！

時間來到了1644年，這一年風雲變幻，風雨飄搖的大明王朝敲響了覆滅的喪鐘，李自成攻破了北京，清兵入關，明朝最後一任皇帝——崇禎帝上吊自盡。

朱耷的家人死的死，散的散，
心灰意冷的朱耷開始了顛沛流離的生活。

榮華富貴的皇親國戚

一夜之間

衣衫襤褸的流亡之士

後來，為了躲避
清政府對明皇室餘脈
的迫害，朱耷不得已
出家當了**和尚**。

真是世事難料啊。

他心中對大明王朝依舊忠心耿耿，對曾經的歲月充滿了無限
的懷念，對清政府則是滿腔的憤怒和憎恨。但是作為一介書生，
朱耷手無縛雞之力，不能披戰甲殺敵兵，所以他把自己的一腔怒
火都宣泄在書畫上了。

怒火發射

 八大山人這個名字也跟這種情緒有關。

關於「八大山人」這個名字還有一種說法：「朱」字去掉「牛」就是「八」，「奄」字去掉「耳」就是「大」。

牛 奋

垃圾箱

扔了扔了。

好好的名字，扔了多可惜。

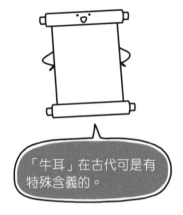

「牛耳」在古代可是有特殊含義的。

古代諸侯國舉行**會盟**，會訂立盟約。這時候主持盟會的人需要親手割下牛耳取血，飲用牲畜的血或者取血塗抹在嘴脣上，以此來表達誠意。

所以，「執牛耳」就是指做盟主，成為掌權的領導人。「執牛耳」也就用來特指**執掌政權**。

塗抹

牛耳血

怪不得現在口紅色號有牛血色。

朱耷把「牛耳」兩字「扔」了也暗喻清把大明的江山搶走了，大明皇室也就失去了「執牛耳」的機會了。

所以，朱耷給自己起了「八大山人」這麼一個名字，而且在落款署名的時候，故意寫成「哭之笑之」的樣子，表達自己哭笑不得、鬱鬱寡歡、傲然蔑視的心境。

唉！

這種心境不但體現在署名上，

在八大山人畫的**小動物**身上也有體現。

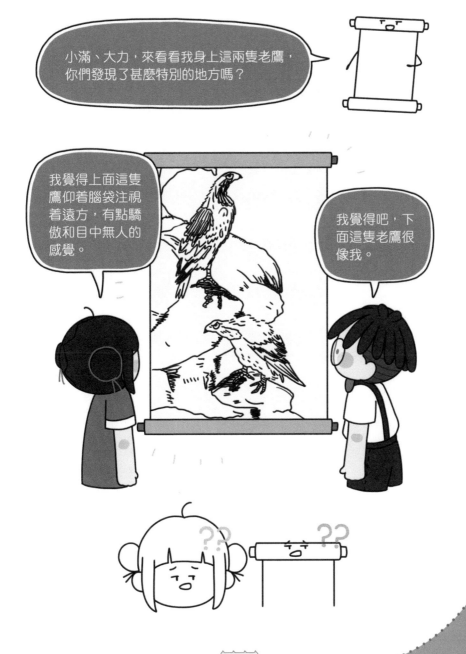

就像我媽揍了我一頓後，我一臉不服氣的樣子。

臭小子，服不服？

老媽，你要以理服人，不能用武力鎮壓人。

兩位小朋友都說得不錯！

朱耷是一個極度**忠誠**於明王朝的皇室後裔。他賦予了鷹獨有的寓意，兩隻雄鷹雖然站在石塊上，但是渾身透露出來的卻是一股桀驁不馴的勁兒。

朱耷在鷹**羽毛**的表現上沒有採用傳統的寫實畫法，而是採用了一種寫意的表現手法，充滿張力，有一種張揚狂放的感覺在裏面，表現出一種勇敢的對抗、堅決的不服從。

朱耷筆下的老鷹有一種寧折不彎的氣質，也是他內心的寫照：仰着高貴的頭顱，傲立於被外族佔領的大地上，孤獨、自憐，又有一種極具**挑釁**性的忠誠。

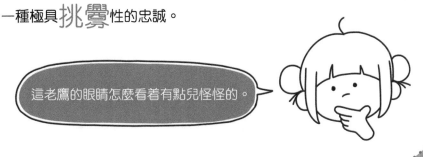

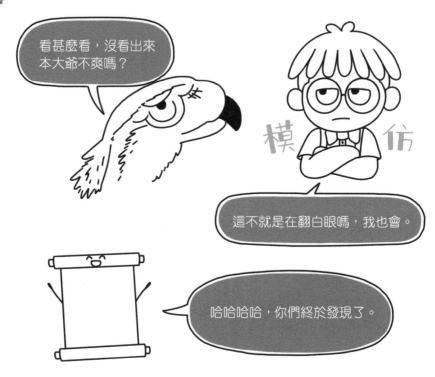

這標誌性的「翻白眼」可是八大山人版小動物獨有的表情哦。

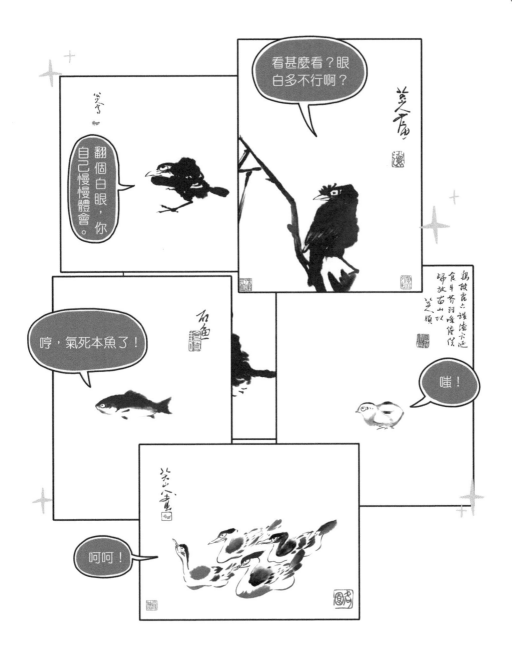

　　從這些小動物的白眼中，我們看到了蔑視、仇視、傲視或怒視，牠們的目光中蘊藏着各種複雜的情感。其實，這眼神不就是八大山人的眼神嗎？他真是一個孤獨而驕傲、清醒而自負的人。

老先生，您要不要滴下眼藥水？緩解眼睛疲勞的。

倔強

我教您做眼保健操來放鬆放鬆眼睛吧。

眼藥水

不，我不累。

我覺得八大山人是一個很優秀的簡筆畫家。

同意，他的畫雖然寥寥幾筆，但都格外生動。

我們在欣賞八大山人的花鳥畫時，有一種很明顯的感受就是畫面很**空**。一方面，他在畫面中描繪的對象很少；另一方面，在塑造對象時，他的用筆也很少。

老先生，您真是惜墨如金啊！

簡約而不簡單，你們說的極簡主義我早就在玩了。

在他的畫中，我們並沒有感到單薄、空洞或單調，反而感受到小動物的生動傳神。也正是因為大量留白的存在，讓我們在欣賞畫作的時候能插上**想像**的翅膀，展開無限的聯想。

哇，確實是非一般的感覺！

齊白石

張大千

潘天壽

八大山人這種水墨寫意的畫法對後世也影響深遠。後來，大名鼎鼎的「揚州八怪」，以及現代的齊白石、張大千、潘天壽等畫壇宗師，都深受他的影響。

齊白石老人就是他的小粉絲，齊老先生曾經還寫過一首詩：

青藤雪個遠凡胎，缶老衰年別有才。

我欲九泉為走狗，三家門下轉輪來。

說真的，如果有機會能拜在這三位大師門下學畫，讓我做牛做馬都行啊。

由此可見，白石老人對八大山人的敬仰與傾慕。

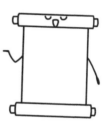

在江西南昌還有八大山人的**紀念館**呢，裏面陳列展示了很多八大山人的作品，留給後人瞻仰。

八大山人紀念館

哇，這麼有趣的畫作，我們怎麼能錯過呢！

有機會一定要去看看！

小博士加油站

一個超級厲害的畫家

一個寫意畫界的王者

一個才華橫溢的和尚

一個沒落的貴族

一個名字很容易被人誤解的怪人

一個翻白眼表情包的製作者

我還有一個隱藏身份你們一定猜不到——一個出謎語的絕世高手。

哈哈哈

八大山人由於自己的特殊身世和所處的時代背景，不能像其他畫家那樣在畫作和題詩中直接抒發自己的所感所想，只能通過含有啞謎的題畫詩、簽名、印章，還有一些奇奇怪怪的變形畫來表達自己內心的感想。

我們已經見識過這位出謎高手的傑作了。

這個簽名也好奇怪啊，像畫了一隻烏龜。

我覺得加上兩個腳爪就是一隻仙鶴。

不是烏龜也不是仙鶴，這是「三月十九日」這幾個字的變形。

農曆三月十九日對八大山人來說可是個特殊的日子。1644年的這一天，明王朝最後一個皇帝崇禎帝自殺，明王朝滅亡，八大山人用這個簽名來表達對故國的深切懷念。

小博士遊樂場

八大山人 是個畫簡筆畫的高手，他只需寥寥數筆，無論是可愛的小動物還是美麗的花朵就躍然紙上了。讓我們也來挑戰一下吧，試試看，用一根線條能畫出甚麼？

有趣的線畫

線貼畫相框

安全提示：請在爸爸媽媽的陪同下，安全使用剪刀喲！

準備材料

卡紙
毛線
膠水
安全剪刀

如果我們來做線貼畫，又能變出哪些漂亮的作品呢？

白邊

1. 做一幅線貼畫圖。　2. 剪出四個長度合適的梯形。

3. 將長條形紙摺成三角形。　4. 將配件線上貼畫上貼好。　5. 線貼畫相框就完成啦！快把它擺在書桌上吧！

第五站

北宋耀州窯

青釉提樑鳳壺

你好！

個人檔案

姓名：北宋耀州窯青釉提樑鳳壺
職業：日常用品
血統：耀州窯
血型：青瓷型
腰圍：15.2 厘米
身高：21 厘米

北宋時，因為我們市場行銷做得好，耀州窯可是媲美五大名窯的哦。

出生地：耀州

現居住地：大都會藝術博物館

哇！

奇怪，在瓷器上也能雕刻嗎？

我知道有木雕、竹雕，難道還有瓷雕？

這位小朋友真會抓重點，刻花紋飾可是我們耀州青瓷最厲害的地方哦。

想了解我們耀州窯的獨家祕笈嗎？

那就趕緊往下看吧！

走！去博物館！

說到耀州窯，就不得不先給大家先介紹一下耀州這個人傑地靈的好地方啦。

耀州

長安

耀州地處長安之 **北**，是關中通向陝北的天然門戶。這片大地上蘊藏着豐富的煤炭和瓷土資源，流經的漆河水流充沛，又臨近人口密集的關中地區，對製瓷業來說可是個不可多得的風水寶地。

煤 炭　　瓷 土　　漆 河　　關 中

耀州窯的歷史一定很悠久吧？

沒錯，早在唐代，耀州窯就已經開始燒製了。

唐代　　　　　北宋早期

中國現存最早使用煤炭作燃料燒瓷的窯場，始於北宋早期，就是在耀州被發現的。

宋朝的審美偏愛精巧淡雅、質樸簡潔。比如說名冠天下的汝窯瓷，光潔透明的釉色配上均勻光滑的瓷面，就很符合宋人的審美觀。

再來看看耀州窯的青瓷，釉色雖然清幽淡雅，但也談不上絕妙。

至於器型，更沒有甚麼創新之舉，大多是一些碗、瓶、盤、壺、罐之美的生活器皿。

那又是甚麼獨特之處，使它受到了宋人的青睞呢？

不走尋常路

我們耀州窯另闢蹊徑，以刻花紋飾獨步天下，堪稱同類中的翹楚。

耀州瓷內外滿佈紋飾，而且種類繁多，有魚、鴨、牡丹、菊花、蓮花、蝴蝶、飛鶴、海水游魚、蓮塘戲鴨和嬰戲圖案等，風格生動自然，粗獷又不失美感。

哇！

哇！

看仔細嘍，我身上那可都是貨真價實的純手工浮雕。

他莫非就是武林高手！！

嘖嘖嘖，這刀工簡直出神入化。

　　透過這精美的紋飾，我們彷彿能感知，當時耀州窯工匠的高超技藝：一絲不苟地用刀具**垂直**刻出紋樣輪廓，再用小刀在紋樣旁小心翼翼地**斜刻**，耐心地**剔除**多餘的底泥，使紋樣呈現微微凸起的效果。

① 垂直刻

② 斜刻

③ 剔除

刀刀見泥

耀州窰的紋飾線條剛勁,刀法犀利,畫面清晰,絕不拖泥帶水,稱得上是宋代瓷器刻工之最。

大俠失敬!

您身上那展翅的大鳥看着神采奕奕,好不威風。

我身上的是鳳凰!這類龍鳳紋飾可不能隨意亂用,只有專門供皇家使用的貢品才有資格用。

龍鳳紋飾

壺身上除了展翅飛舞的鳳凰，還鋪滿了枝葉纏繞的牡丹花。這種紋飾叫作**纏枝牡丹**，象徵着富貴吉祥。

纏枝紋是中國古代傳統紋飾之一，常見於瓷器身上。

纏枝紋可以與各種花卉圖案組合，形成不同的紋飾，常見的形式有：

組合掌開打！

纏枝 + 蓮花 = **纏枝蓮**

纏枝 + 菊花 = **纏枝菊**

纏枝 + 牡丹 = **纏枝牡丹**

纏枝 + 葡萄 = **纏枝葡萄**

纏枝 + 石榴 = **纏枝石榴**

纏枝 + 百合 = **纏枝百合**

這個壺嘴也好特別哦，牠是個甚麼動物呢？

這是一個對空張嘴的龍腦袋。當人提着把手倒水時，壺中的液體就會從龍嘴中流出來。

壺的把手是龍的身體，它和龍嘴組合成如一條盤繞在壺上的青龍，整個設計渾然一體、巧奪天工。

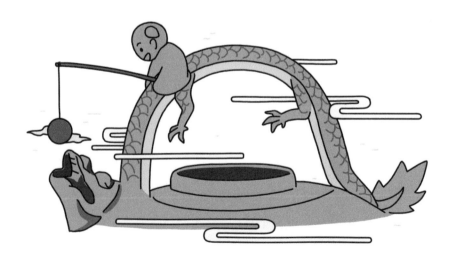

咦，怎麼把手上還坐了個小人？

哈哈哈，他這是在把手上玩滑梯吧。

咻—

這可是我設計上的精妙之處。

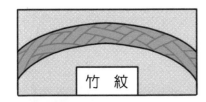

竹紋

竹節狀

把手也叫提樑，傳統中式水壺的提樑幾乎沒有任何設計。少數會編成竹紋，或者做成竹節狀，而在簡單的半圓形上安放一個小人的處理方式，則極為罕見。

安放小人是為了防止主人倒水時，一不小心手滑至壺口，進而**燙傷**手指。增設這麼一個小人，就可以很好地控制手握的位置了。

真的是超級貼心的設計啊。

這個精巧的設計靈感很有可能源自古希臘和羅馬。

小老弟，接住！

古羅馬工匠

中國工匠

靈感

生活在地中海沿岸的人們就很喜歡在水壺提樑處設計這樣一個小障礙，防止燙傷手指。

這是我們設計上的小巧思哦！

耀州所在的關中地區是絲綢之路的起點，中西文化在這裏碰撞、融合。身處中西方對話前線的耀州窯工匠，很可能親眼見到了從西方傳入的水壺，或者從西方同行那裏得到了啟發，於是，他們改進了中式水壺的設計。

西方文化 —— 耀州 —— 中國文化

只是簡單地模仿多沒勁啊。

聰明的耀州窯工匠並沒有單純地照搬照抄，簡單安置一個障礙，而是刻畫了一個悠閒的小人，坐在壺的提樑上，彷彿正靜靜觀賞龍頭噴水。吸取他人所長，再加入自己的想法並加以改進，這才是學習之道。

耀州窯始於唐代，到了北宋時期，風光無限，在北方的青瓷窯場中最負盛名，並作為貢品，被運到東京汴梁。

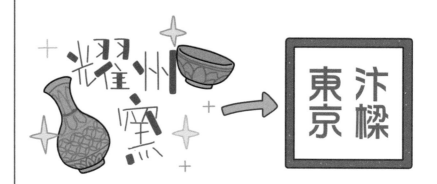

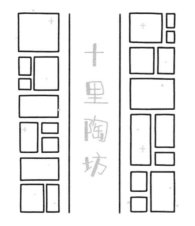

當時的漆河兩岸，窯坊星羅棋佈，每到夜幕降臨，爐火星星點點，徹夜不滅，蔚為壯觀。歷史上也稱之為「十里陶坊」。

到了金元時期，耀州窯逐漸放棄了曾經最引以為豪的刻花紋飾工藝，轉而學習其他名窯的質樸簡潔風格。

到了明清時期，缺乏設計感的耀州窯已經淹沒在一眾名窯中，泯然眾人矣。

我怎麼把最重要的東西丟了！

耀州窯

小博士加油站

在大都會藝術博物館裏，還有幾位我們耀州的兄弟姐妹。

下面這位是來自耀州窯的青瓷牡丹捲邊杯。

青瓷牡丹捲邊杯

牡丹雍容華貴，自唐朝以來就深受中國民眾的喜愛，也是文人墨客常見的創作對象。這件青瓷牡丹捲邊杯造型優美，波浪狀的杯口向上捲曲，尤為生動。同樣造型的杯子，在羅馬帝國的宴飲場合經常出現。由此推測，這件青瓷杯是典型的受西方影響的器皿，見證了中西方文化的交流。

大家一定被我的器型吸引了吧？我可是不折不扣的「混血兒」哦。

在大都會藝術博物館，還有一對來自耀州窯的特殊朋友，他們是製碗模具和瓷碗坯胎。

製碗模具

瓷碗坯胎

大家好，我們倆是「公不離婆、秤不離砣」的好兄弟，也是耀州窯輝煌歷史的見證者。

在耀州窯的鼎盛時期，因為市場的需求量大，如果每一件瓷器都要工匠手工雕刻，時間肯定來不及，所以在當時就採用了固定刻花模具來大規模生產。大規模生產可以降低生產成本，物美價廉的耀州窯瓷器也就能走入尋常百姓家，而不僅是供皇家獨享了。

走一走，看一看，上好的耀州青瓷！青瓷碗吃飯，愈吃愈香；青瓷杯喝酒，愈喝愈醇；青瓷盆洗臉，愈洗愈美。

小博士遊樂場

提樑鳳壺上的青龍栩栩如生，我真是太佩服古代工匠的奇思妙想了。

大力，我也設計了一條特別的龍，你快來看看。

安全提示：請在爸爸媽媽的陪同下，安全使用剪刀喲！

 皮影玩具

準備材料：即棄紙杯、卡紙、膠水、安全剪刀、木棒、吸管

牙 ×2

龍爪

龍角 ×2

龍尾 ×2

鬚 ×2

背部裝飾 ×8

身體裝飾 若干

1. 在紙上畫出龍的各部件並剪下備用。

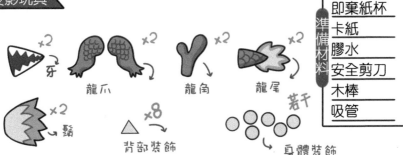

沿邊緣塗上膠水

打結

一節吸管

繩子

打結

2. 剪去紅色區域，將紙杯如圖所示串起，繩子兩頭打結。

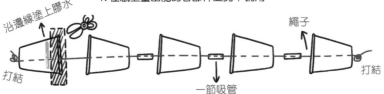

木棒

3. 將各部件依次貼在主體上，並畫出龍眼，背面同理。

4. 好玩的紙杯舞龍就完成啦！

博物馆之夜

為了歡迎遠道而來的小滿和大力，大都會藝術博物館的中國文物朋友精心策劃了一場別開生面的博物館之夜**狂歡舞會**。

換上了華麗服裝的文物朋友

小滿和大力也穿上了禮服裙和燕尾服

大家在舞池中翩翩起舞，享受這美妙的博物館之夜。

大力，好奇怪啊，你看周圍怎麼有這麼多的書畫文物朋友呀？

還真是多哦。

因為大都會藝術博物館裏的中國書畫收藏品非常有名，不但數量多，而且幾乎件件都是精品呢。

大都會藝術博物館 的 中國書畫天團

喂喂，拍合照可別忘記我們呀！

小滿、大力，你們好呀！

我來自報一下家門：我叫絞絲紋捲體玉龍佩，出生在戰國時期，是中國早期玉雕作品中的優秀典範呢。

您好您好，您的造型真別致，我得記錄下來。

絞絲紋捲體玉龍佩的外形是一條瘦瘦的龍，嘴巴張得大大的，身體彎曲起來，優雅地盤成一個環形。龍身上有深深的凹槽，像一條擰起來的繩子。這種造型是戰國時期常見的裝飾紋樣。

● 絞絲紋捲體玉龍佩

照夜白圖

這位可是舞池
中的女王——
出生在西漢的
陶女舞俑。

你們好呀，謝
謝你們誇讚我
優美的舞姿。

陶女舞俑可以算是早期中
國雕塑作品中的經典之作。女
舞者微微俯身，雙膝微曲，向
後甩起一隻衣袖，身姿輕盈，
體態婀娜，淋漓盡致地表現一
瞬間的動感。

● 陶女舞俑

我來啦，我來啦，有新朋友認識可別落下我呀。

我叫鎏金葉形銀盤，出生在唐代，顧名思義，
我就是一片與眾不同的葉子。

● 鎏金葉形銀盤

唐朝時期，絲綢之路繁盛，
中國與中亞和西亞的國家交流密
切，使得這一時期的銀器作品無
論外形還是紋樣都受到了外國文
化的影響，工藝上也有了很大的
創新。這件葉形盤上有生動的花
鳥凸紋，堪稱唐代銀器裝飾藝術
的典範。

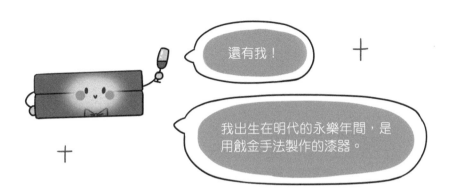

還有我！

我出生在明代的永樂年間，是用戧金手法製作的漆器。

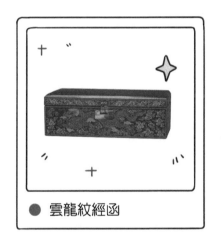

● 雲龍紋經函

戧金就是用金漆、金箔或者金粉填充漆盒表面陰刻的花紋。這件漆器上裝飾着精壯矯健的龍紋圖案，四周還配了精巧的雲紋。這種雅致的漆盒主要用來裝佛經手卷，供宮廷之用，有時也被用作外交的贈禮。

又是收穫滿滿的一天。

博物館
通關小列車

博物館小博士號列車歡迎你來挑戰！

小朋友，參觀完了大都會藝術博物館，我們的小博士號通關小列車又要開動囉，你準備好上車了嗎？

現在是考驗你記憶力的時候啦。

選一選

1 下面有關《照夜白圖》不正確的一項是 ＿＿＿ 。

A.《照夜白圖》是韓幹畫的。

B.《照夜白圖》是一幅彩墨作品。

C. 之所以叫「照夜白」是因為這匹馬兒毛色雪白，彷彿能把黑夜照亮。

D. 照夜白是寧遠王為了表示感謝向唐玄宗回贈的寶馬。

2 下面這些國寶都與宋徽宗有關的是哪一組呢？

A. 鵝頸瓶、《雜花圖卷》、《竹禽圖》　　B. 賈湖骨笛、《雜花圖卷》、雞缸杯

C.《清明上河圖》、賈湖骨笛、雞缸杯　　D. 鵝頸瓶、《清明上河圖》、《竹禽圖》

以下關於八大山人的介紹中，哪一項是正確的呢？

A. 八大山人是指明代著名的八位畫家。

B. 八大山人的真名叫作朱真。

C. 八大山人筆下的小動物最喜歡翻白眼。

D. 八大山人擅長寫實畫，他的畫中常常能體現出寧折不彎的氣質。

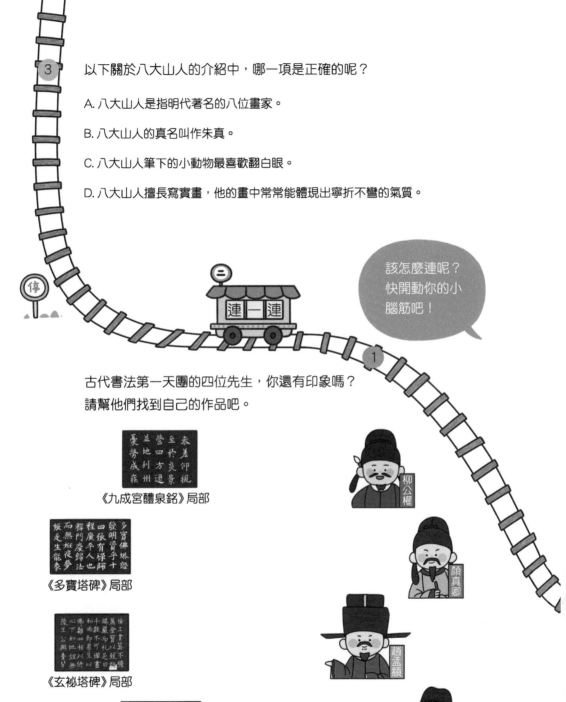

該怎麼連呢？快開動你的小腦筋吧！

古代書法第一天團的四位先生，你還有印象嗎？
請幫他們找到自己的作品吧。

《九成宮醴泉銘》局部

《多寶塔碑》局部

《玄祕塔碑》局部

《玄妙觀重修三門記》局部

柳公權

顏真卿

趙孟頫

歐陽詢

說起《照夜白圖》的粉絲，那真是三天三夜都講不完。下列哪些是在《照夜白圖》上留下過「鈐印」或「題跋」的真粉絲呢？請用你的火眼金睛辨一辨吧。

唐太宗　唐玄宗　米芾　趙孟頫　宋徽宗　吳說　康熙　乾隆　奕訢

填一填

中國古代有些時代政治清明、經濟繁榮、老百姓安居樂業，你還記得他們的美稱嗎？試着寫一寫吧。

西周周成王、周康王在位時期。

漢初推行休養生息政策，為後來漢武帝征伐匈奴提供了必要的經濟條件。

東漢初年，社會安定，經濟恢復，人口快速增長。

唐初，出現的政治清明、文化繁榮的盛世局面，為後來的開元盛世奠定了重要的基礎。

明成祖在位期間，發展經濟，提倡文教。

中國古代封建王朝的最後一個盛世。

我是答案

我是答案

一 選一選

1. B　　2. D　　3. C

二 連一連

1. 《九成宮醴泉銘》局部　　　　　　　柳公權

　　《多寶塔碑》局部吳說吳說　　　　　顏真卿

　　《玄祕塔碑》局部奕訢　　　　　　　趙孟頫

　　《玄妙觀重修三門記》局部　　　　　歐陽詢

2. 唐玄宗

　　米芾

　　吳說

　　乾隆

　　奕訢

三 填一填

成康之治　文景之治　建武盛世
貞觀之治　永樂盛世　康乾盛世

親愛的小朋友，感謝你和博物館通關小列車一起經歷了一段美好的知識旅程。這些好玩又有趣的知識，你都掌握了嗎？快去考考爸爸媽媽和你身邊的朋友吧！

◆ 答對 3 題以上：真棒，你是博物館小能手了！

◆ 答對 4 題以上：好厲害，「博物館小達人」的稱號送給你！

◆ 答對 5 題以上：太能幹了，不愧為博物館小專家！

◆ 全部答對：哇，你真是天才啊，中國考古界的明日之星！

 接下來，小滿要帶大家去法國的吉美博物館，拜訪在那裏的中國文物朋友。快和小滿一起踏上新的旅程吧！

● 有着無限童心與愛心的「大兒童」

● 正兒八經學歷史出身的插畫師

● 在寧波工程學院主講藝術史的高校教師

● 夢想做個把中華傳統文化講得生動有趣的「孩子王」